DU MÊME AUTEUR

Aux Éditions Gallimard

HAUTE SURVEILLANCE

JOURNAL DU VOLEUR

LETTRES À ROGER BLIN

ŒUVRES COMPLÈTES

    I. J.-P. Sartre : Saint Genet, comédien et martyr
    II. Notre-Dame-des-Fleurs – Le Condamné à mort – Miracle de la rose – Un chant d'amour
    III. Pompes funèbres – Le Pêcheur du Suquet – Querelle de Brest
    IV. L'Étrange Mot d'... – Ce qui est resté d'un Rembrandt déchiré en petits carrés... – Le Balcon – Les Bonnes – Haute surveillance – Lettres à Roger Blin – Comment jouer « Les Bonnes » – Comment jouer « Le Balcon »
    V. Le Funambule – Le Secret de Rembrandt – L'Atelier d'Alberto Giacometti – Les Nègres – Les Paravents – L'Enfant criminel

Dans la collection Folio

JOURNAL DU VOLEUR

NOTRE-DAME-DES-FLEURS

MIRACLE DE LA ROSE

LES BONNES

LE BALCON

LES NÈGRES

LES PARAVENTS

Dans la collection L'Imaginaire

POMPES FUNÈBRES

QUERELLE DE BREST

LETTRES À ROGER BLIN

JEAN GENET

LETTRES
À ROGER BLIN

GALLIMARD

Les Paravents ont été créés au Théâtre de France le
21 avril 1966 par la troupe de Jean-Louis Barrault-
Madeleine Renaud. Avec des costumes et des décors d'An-
dré Acquart.

dans l'ordre d'entrée en scène

Saïd	*Amidou*
La mère	*Maria Casarès*
Warda	*Madeleine Renaud*
Malika	*Annie Bertin*
La Servante	*Claudie Bourlon*
Mustapha	*André Batisse*
Ahmed	*Yan Davrey*
Brahim	*Victor Béniard*
Leïla	*Paule Annen*
Sir Harold	*Paul Descombes*
Habib	*Jean-Pierre Granval*

7

Taleb	*François Hélie*
Chigha	*Christiane Carpentier*
Kadidja	*Germaine Kerjean*
Nedjma.	*Sylvie Moreau*
Habiba.	*Micheline Uzan*
Si Slimane (Madani - La Bouche). . . .	*Jean-Louis Barrault*
Le Gendarme. . . .	*Jacques Alric*
Monsieur Blankensee	*Régis Outin*
Malik.	*Georges Sellier*
Abdil	*Michel Bringuier*
Le Gardien	*Robert Lombard*
Le Lieutenant. . . .	*Gabriel Cattand*
Le Sergent.	*Bernard Rousselet*
Pierre.	*André Weber*
Roger.	*Dominique Santarelli*
Jojo.	*Michel Creton*
Preston	*Éric Gérard*
Walter	*Michel Lebret*
Hernandez.	*Jean-Jacques Domenc*
Moralès	*Michel Berger*
Felton	*Christian Jaulin*
Brandineschi	*Pierre Benedetti*
Madame Blankensee	*Marie-Hélène Dasté*
Le chef.	*Jean-Guy Henneveux*
Le photographe. . .	*Xavier Bellanger*
La Vamp	*Tania Torrens*
L'académicien. . . .	*Michel Bertay*
Le Général.	*Jean-Roger Tandou*
Le Banquier.	*Jacques Alric*
La Communiante. .	*Brigitte Carva*
Le Soldat	*Luis Masson*

L'homme . . . . . . *François Hélie*
La femme. . . . . . *Jeanne Martel*
Le fils de Sir Harold. *François Gabriel*
Salem . . . . *Paul Descombes*
Naceur. . . . . *Pierre Gallon*
M'Barek . . . . *Michel Dariel*
Lahoussine. . . . . . *Louis Frémont*
Srir. . . . . *Jean-Claude Amyl*
Larbi. . . . . *Patrice Chapelain-Midy*
Premier combattant. *Christian Pailhé*
Deuxième combat-
tant . . . . *Christian Bujeau*
Ameur . . . . *Alain Hitier*
Abdesselem . . . . . *Guy Didier*
La Gendarme. . . . *Catherine Rethi*
Djemila . . . . *Michèle Oppenot*
Ommou . . . . *Marcelle Ranson*
Nestor . . . . *Luis Masson*
Lalla . . . . *Jane Martel*
Aziza. . . . . *Céline Salles*
Aïcha. . . . . *Marie-Claude Fuzier*

9

Mon cher Roger,

Tous les vivants, ni tous les morts, ni les vivants futurs ne pourront voir *les Paravents*. La totalité humaine en sera privée : voilà ce qui ressemble à quelque chose qui serait un absolu. Le monde a vécu sans eux, il vivra pareil. Le hasard permettra une rencontre aléatoire entre quelques milliers de Parisiens, et la pièce. Afin que cet événement — la ou les représentations —, sans troubler l'ordre du monde, impose là une déflagration poétique, agissant sur quelques milliers de Parisiens, je voudrais qu'elle soit si forte et si dense qu'elle illumine, par ses prolongements, le monde des morts * — des milliards de milliards — et celui des vivants qui viendront (mais c'est moins important).

Je vous dis cela parce que la fête, si limitée dans le temps et l'espace, apparemment destinée à quelques spectateurs, sera d'une telle gravité qu'elle sera aussi destinée aux morts. Personne ne doit

---

* Ou plus justement de la mort.

être écarté ou privé de la fête : il faut qu'elle soit si belle que les morts aussi la devinent, et qu'ils en rougissent. Si vous réalisez *les Paravents*, vous devez aller toujours dans le sens de la fête unique, et très loin en elle. Tout doit être réuni afin de crever ce qui nous sépare des morts. Tout faire pour que nous ayons le sentiment d'avoir travaillé pour eux et d'avoir réussi.

Il faut donc entraîner les comédiens et les comédiennes, dans leurs profondeurs les plus secrètes — pas dans leur finesse; leur faire accepter des démarches difficiles, des gestes admirables mais sans rapport avec ceux qu'ils ont dans la vie. Si nous opposons la vie à la scène, c'est que nous pressentons que la scène est un lieu voisin de la mort, où toutes les libertés sont possibles. La voix des acteurs viendra d'ailleurs que du larynx : c'est une musique difficile à trouver. Leurs maquillages, en les rendant « autres », leur permettront toutes les audaces : cessant d'avoir une responsabilité sociale, ils en auront une autre, à l'égard d'un autre Ordre.

Les costumes ne les vêtiront pas, les costumes de scène sont un moyen de parade, selon tous les sens. Vous comprenez donc quelle beauté ils devront avoir. Pas une beauté de ville, mais une beauté nécessaire, comme le maquillage et la voix déplacée, pour que les acteurs puissent se jeter dans l'aventure et triompher d'elle. C'est d'un harnachement qu'il s'agit donc. Je voudrais que les costumes des trois vieilles soient faits de chiffons pouilleux et splendides. Par quelques détails, il faudra rappeler l'Algérie, mais le style général sera d'une très grande noblesse :

ampleur, traînes, drapés, même si tout cela accroche la poussière et la paille. Pour tout dire, il faudrait que chaque costume soit lui-même un décor — sur fond de paravent — capable de situer le personnage, mais, encore une fois, cette somptuosité ne doit pas renvoyer à une beauté d'ici, même pas à une beauté imitée ou parodiée, grâce à des nippes; il faut qu'Acquart et sa femme soient capables d'inventer des accoutrements terribles, qui ne seraient pas à leur place sur les épaules des vivants. Les fous, les folles, les Folles, sont capables d'en coudre. Je suis sûr que les Asiles sont pleins de ces ornements, des monuments, difficiles à porter. La Mère, Kadidja, Ommou seront à l'abri là-dessous et, peut-être, seront un peu corrompues par eux. Mais je vous en prie, ne tolérez aucune joliesse. Acquart doit être presque menacé. Les costumes habituels au théâtre, quelle misère! Les acteurs, là dedans, n'osent rien oser, ils sont condamnés à de jolis mouvements, soit de cuisses, de pieds cambrés, soit de bras et de torses.

Ne permettez pas à un comédien de s'oublier, sauf s'il pousse cet oubli de lui jusqu'à pisser face au public. Il faudrait les obliger à rêver — ceux qui n'ont pas à parler — la mort de leur fils ou celle de leur mère bien-aimée, ou qu'un voyou les dévalise, ou que le public les voit nus.

Les paravents eux-mêmes : ceux que vous avez mis au point avec Acquart sont très beaux. (Je parle de leur structure et de leurs mouvements.) Mais les dessins sur eux? Ce sera très difficile. Là aussi il faut la Fête. Pas de bêtises pseudo-naïves.

C'est parmi les dessins de fous qu'il faut chercher. Même parmi des fous qui simulent systématiquement la Folie. Faites un saut à Rodez. Alpaguez un cinglé, vous lui racontez cette histoire de cinglés : *les Paravents*, et il la traduit en dessins. Je crois qu'un obsédé sexuel jusqu'à la folie, et qui n'aurait jamais vu d'orangers, ni même d'oranges, inventerait une orangeraie plus vraie que personne ne le fera. Où le trouver? Par concours? Mais si nous *pensons* très fortement à cela le hasard travaillera pour nous.

Je reviens à la démarche des comédiens :

La Mère, de très petits pas, mais une très grande autorité dans le geste. Puis, soudain, de très larges enjambées, la jupe relevée de façon à montrer ses jambes dont les veines — en bleu ou violet — seront visibles.

Kadidja, hautaine, son parapluie comme une canne.

Ommou, s'arrachant, à chaque pas, le pied, la patte, d'un bourbier. Mais le haut du corps, à partir des seins, très droit, la tête directe, le délire verbal froid et bien articulé.

Pour Saïd, vous voyez, il faut que le comédien apprenne la concentration. On ne le sent pas encore tout entier présent dans le corps ni dans les gestes de Saïd. Durant quelques secondes, il lui arrive de flotter place Leopardi à Vérone ou rue Saint-Benoît.

Warda, c'est assez difficile : un extraordinaire vide a plus de présence que le plein le plus dense.

C'est le Sergent qui m'embête : ou bien c'est vous et votre poésie un peu hagarde et un peu narquoise, ou bien c'est le jeune homme guidé par vous. Je crois que vous saurez en faire le double, lumineux selon l'Occident, de Saïd, ou, si vous voulez, son contraire en tout. L'homme solaire s'opposant au saturnien, même si les solaires nous font chier — et, dans ce cas, c'est nous qui les ferons chier. C'est une belle donzelle en uniforme.

Les pièces, habituellement, dit-on, auraient un sens : pas celle-ci. C'est une fête dont les éléments sont disparates, elle n'est la célébration de rien.

Leïla, je la vois mal. C'est peut-être parce qu'elle avance masquée. A vous de trouver.

Mais pour les maquillages, il faut faire appel à vos rêves, à vos rêveries, à vos délires, pas à votre raison, pas à vos observations, sauf si elles sont folles et qu'elles vous fassent distinguer une toison veloutée autour des yeux des Arabes. Les maquillages m'intriguent. Ils doivent rappeler, appeler l'Algérie par des procédés que les Algériens ne connaissent pas : je crains le henné pour la Mère. La misère, la détresse algériennes doivent avoir d'autres couleurs et d'autres matières, qu'il faut découvrir. Vous et Acquart, vous n'aurez pas les rôles faciles. Et je n'arrange pas les choses.

Et en plus, sur la scène, une lumière si cruelle ! mais c'est ce qu'il faut.

Je reviens aux comédiennes : elles se transformeront en bêtes. Il faut les aider. Avec, de temps en temps, dans le cours de leur rôle, un peu de la Mère, ou d'Ommou, ou de Warda, qui montre le bout de l'oreille. Le reste du temps, des bêtes. Comme, je l'ai lu, Nabuchodonosor, broutant le

15

gazon, et pendant quelques minutes, roi, et peut-être, un homme.

La Mère : ne pas lui couper sa fureur naturelle. Ne pas éteindre son feu, mais y ajouter le jeu.

Kadidja, c'est déjà la dame patronnesse du village : son parapluie sera plus large que les autres.

Ommou, déjà au-dessus : beaucoup plus haut que dame du village : patronne de la révolte. Et si le nom vous dit quelque chose : Némésis. De toute façon, souveraine dans cette mort qui se passe sur terre.

Bien sûr, tout ce que je vous dis vous le savez, je cherche seulement à vous encourager dans votre détachement d'un théâtre qui, lorsqu'il refuse la convention bourgeoise, recherche ses modèles : de types, de gestes, de ton, dans la vie visible et pas dans la vie poétique, c'est-à-dire celle qu'on découvre quelquefois vers les confins de la mort. Là, les visages ne sont plus roses, les gestes ne permettent pas d'ouvrir une porte — ou alors c'est une drôle de porte et donnant sur quoi ! — Enfin, vous savez bien de quoi, sans le pouvoir, je voudrais parler.

Et la ruine ! J'oubliais la ruine ! Celle des dents cultivées à l'aiguille de Warda, et la ruine totale de la pièce. Vraiment, il faudrait qu'à la sortie, les spectateurs emportent dans leur bouche ce fameux goût de cendre et une odeur de pourri. Et néanmoins que la pièce ait la consistance d'un silex. Pas d'un solex ! Ne craignez pas de faire que comédiens et comédiennes se métamorphosent en chacals, en dindons, etc., — en arbres aussi. J'ai l'air de déconner, mais vous savez bien ce que je veux dire.

16

Une valise pleine de cadeaux ?

Photographies de Jacques Sassier

La putain achevée.

Une putain

se mûrit

lentement.

Warda (Madeleine Renaud)

va se faire enfiler

par Saïd

qui a économisé

pour elle.

Leïla n'a que le pantalon de Saïd. Au lieu de le recoudre, elle l'adore.

Sir Harold s'amuse beaucoup
à l'idée que Saïd va quitter ses
orangeraies pour Le Creusot.

Casarès et Annen vont nourrir une basse-cour qui n'est que leur chant.

Comment la famille attend un fils devenu roi par la prison.

Casarès, Amidou et Paule Annen : Saïd vient de sortir de prison.

Casarès est décidément la Mère, prête à affronter les femmes du village
et le public du théâtre. ▶

(en haut). Kerjean et Casarès vont s'engueuler : la Mère n'ira pas pleurer
le mort. *(en bas)*. Casarès se fout complètement des femmes du village
et du mort. Elle veut sa gloire.

Jean-Louis Barrault va devenir la Bouche de Si Slimane.

Maintenant Barrault

est la Bouche

de Si Slimane.

Il rejette Casarès du

monde des morts

comme Kerjean

l'a rejetée des vivants.

Après que la Bouche

soit intervenue,

Barrault réclame son paiement,

du café.

Il lui fallait la transe

pour être la Bouche,

le café le fait revenir

parmi vous.

Leïla ou Paule Annen,

comme on voudra,

voleuse

d'objets inutilisables.

Tout dans l'œil,

ou la métamorphose

en fatma.

Vos orangers, vos roses, vos chênes-lièges, sans aucun doute français, ont de l'allure, avant la mort ou la fuite.

Le désespoir de Paulette Annen.

Ma pièce est sale en ce sens qu'elle n'a pas l'habituelle saloperie sociale, mais il faut la rincer encore et la passer au bleu.

Ce qui me paraît bien, aussi, c'est que, de temps en temps, et afin de souligner — ou si vous voulez valoriser — la stylisation du jeu et de la diction, vous trouviez quelques attitudes ou des tons de voix plus réalistes. C'est dans ce sens que, durant le jeu de Warda décrottant son râtelier en or, deux ou trois clients se peignent, avec un peigne édenté, et comme devant une glace, en pliant leurs guibolles. Bien entendu tout cela doit être mis au point.

J'avais un peu la trouille pour le Lieutenant. Mais c'est peut-être que je n'avais pas su ce qui lui conviendrait, c'est-à-dire qu'au lieu d'être un simple et simplet pètesec, à certains moments il doit s'engueuler, soit avec ses hommes, soit avec le sergent, soit avec le pitaine, comme on dit que les écaillères de Marseille s'engueulent, le buste en avant. Je crois qu'à un certain moment, je ne sais plus lequel, il doit cesser d'être Susini pour devenir un pauvre diable au bord de la crise de nerfs.

Les dessins. — Je reviens aux dessins sur les paravents : il faut une loufoquerie grandiose mais qui n'embête pas les spectateurs. Où trouver ça ? Les flammes des orangers doivent avoir la vacherie des flammes qu'un sadique dessinerait, s'il devait peindre l'incendie d'un bordel plein de femmes à poil.

Je ne crois pas que vous deviez penser qu'il y aura plus de quatre ou cinq représentations. En effet, s'ils vont au fond d'eux-mêmes, les comédiens et les diennes ne pourront pas tenir le coup.

17

Enfin je suppose. Toutes les représentations qui suivront les cinq premières seront des reflets. Enfin, il me semble. Et du reste, quelle importance? Une seule représentation bien au point, ça doit suffire.

*

Il faut faire attention au plafond de scène. Même si ça ne sert à rien, rien pour l'acoustique par exemple, il faudra tendre des fils blancs allant dans cette direction : du public vers le fond. D'habitude, sauf s'il y a un plafond, c'est toujours moche.

*

Relever jusqu'en haut, si vous pouvez, le manteau d'Arlequin (c'est comme ça que vous dites?).

*

Le jeu de Madani-la Bouche : il est toujours un peu emphatique. Il faudra bien un peu d'emphase à Madani, au début, et de l'agacement quotidien à la Bouche. Mais Jean-Louis Barrault et vous ferez très bien la rupture entre le ton de la Bouche et celui de Si Slimane réveillé.

*

Je crois que les morts seront très maquillés — mais le vert dominera. Les vêtements blancs, évoquant le suaire. Leur diction aura changé. Elle sera plus forte et plus proche du langage quotidien.

*

Les soldats morts pourraient avoir un treillis, treillis assez flou, avec la blessure dessinée à la peinture rouge.

*

Je crois qu'une seule représentation suffit, au lieu de cinq. Mais une, mise au point durant encore six mois.

*

Que Saïd cesse de rouler ses yeux. Et que les comédiens, durant la représentation, ne se laissent pas aller aux gestes qu'ils ont chez eux ou dans d'autres pièces. Il est normal qu'ils cherchent avec vous les gestes qui leur conviennent en convenant au personnage, et puis qu'ils s'y tiennent. Mais en général ils sont si heureux de faire n'importe quoi pour paraître spontanés !

*

Je crois que les soldats vivants pourraient porter l'uniforme de la Conquête (genre duc d'Aumale)

20

et foutre le camp avec le même uniforme. Cela pour ne pas situer trop dans le temps une pièce qui est une mascarade.

*

Rien ne pourra faire que la gloire, solitaire et solaire, que les vertus d'un homme ou d'un peuple ne soient réduites, d'abord par l'analyse, ramenées à n'être qu'un dépôt ou qu'une vase, qui restent d'un homme ou d'un peuple quand leurs ornements ont été déchirés, mais la honte qui demeure, après une vie de trahison, ou même après une seule trahison, est plus sûre. Elle risque moins d'être entamée que la gloire. Elle ne sera même jamais entamée : au contraire, le temps la durcit, et, d'une certaine façon, la restitue, lumineuse, plus glorieuse que la gloire, hors de toute atteinte.

Un peuple qui n'aurait, pour le marquer, que des périodes de gloires ou des hommes de vertu, il serait toujours soumis à l'analyse et réduit à rien, sauf une vase. Les crimes dont il a honte font son histoire réelle, et un homme c'est pareil.

*

J'écris cela parce que, si vous le leur lisez, les acteurs sauront peut-être de quoi il s'agit.

*

Il s'agit, bien sûr, d'un comportement théâtral, et j'ai pris soin de préciser que la scène s'oppose à la vie. Ma pièce n'est pas l'apologie de la trahison. Elle se passe dans un domaine où la morale est remplacée par l'esthétique de la scène.

*

Le temps. Je ne sais rien de précis sur le temps, mais, si je laisse retomber une paupière assez lourde sur un événement, et quel qu'il soit, il me semble que l'événement ne s'est pas écoulé, allant du moment présent vers le futur, mais au contraire qu'à peine né l'instant qui va l'orienter, l'événement atteint son terme et reflue vers sa naissance à toute vitesse, et le tasse sur lui-même. Si vous voulez, les premiers Français en 1830 bombardant Alger se bombardaient d'Alger vers 1800. Des événements naissent ainsi, spontanément, et crèvent au même moment du même mouvement mais crèvent si vite que leur fin, se retournant, les ramène un peu avant le bruit qui a marqué leur naissance. Ils ont la dureté d'un galet. La Révolution Française, dans « mon » histoire, ne s'est pas encore refermée sur elle-même. L'événement qui va de 89 à aujourd'hui est donc encore flou, mais à l'intérieur de cela, la conquête et la perte de l'Algérie, est un ensemble compact.

Je n'ai pas le temps de vous en dire plus long pour vous faire comprendre que les soldats morts ou mourants dans cette pièce doivent avoir l'uniforme des soldats du duc d'Aumale et de Bugeaud. Le même mouvement de temps qui les dépose en Algérie les rejette à la mer. Même si, par leurs répliques, on comprend qu'ils vivaient en 1958. Cela n'a pas d'importance. Ils ont été imprudents.

Ces Alsaciens-Lorrains et bagnards déguisés en conquérants devraient avoir de bien beaux costumes. Songez donc : les zouaves soutachés, les spahis en sérouals de satin noir, en sandales dorées, etc. C'est certainement l'Armée de la République la plus ornée. Chaque soldat comme une tombe du Père-Lachaise. C'est comme ça que je le vois. Le coup d'éventail du Dey à peine donné, à peine tiré le premier coup de canon et déjà 800 000 Pieds-Noirs inventaient Tixier-Vignancour. Tout a été très vite, et, comme on dit en course, très fort, assez fort *pour réussir un événement* sans début ni fin : global.

*

Warda doit être une espèce d'Impératrice, chaussée de si lourds brodequins — en or massif — qu'elle ne pourra plus arquer. Vous pourriez la visser au praticable. L'obliger à porter un corset de fer. Avec des boulons.

*

Voilà, mon cher Roger, les seules notes que vous devrez soit appliquer, soit refuser. Voici enfin mon amitié.

Jean Genet.

Notes au jour le jour

Le théâtre à l'italienne ne fera pas de vieux os. Je ne sais rien de son histoire, comment il a commencé ni pourquoi il s'est accompli en une sorte de puits avec corbeilles, baignoires, loges et poulaillers (quels noms!), mais je le sens mourir en même temps que la société qui venait s'y mirer sur la scène. Cet accomplissement correspondait à une immoralité fondamentale : pour la poulaille la salle — orchestre, loges, corbeilles — était un premier spectacle, qui formait en somme un écran — ou un prisme — que devait traverser le regard avant de percevoir le spectacle de la scène. Le poulailler voyait et entendait à travers, en quelque sorte, le spectateur privilégié de l'orchestre et des loges.

*

Le spectateur de l'orchestre et des loges se savait regardé — goulûment — par celui de la poulaille. Se sachant spectacle avant le spectacle, il se comportait comme un spectacle doit le faire : afin d'être vu.

D'un côté comme de l'autre — je veux dire, en haut comme en bas — le spectacle de la scène n'arrivait donc jamais aux spectateurs dans sa totale pureté.

Et je n'oublie ni le velours, ni les cristaux, ni les dorures chargés de rappeler aux privilégiés qu'ils sont chez eux et qu'à mesure qu'il s'éloigne du sol et de ses tapis le spectacle se dégrade.

*

Vous aurez peut-être des théâtres de dix mille places, ressemblant probablement aux théâtres grecs, où le public sera discret, et placé selon la chance, ou l'agilité, ou la ruse spontanée, non selon la fortune ni le rang. Le spectacle de la scène s'adressera donc à ce qu'il y a de plus nu et de plus pur dans le spectateur. Que les costumes des spectateurs soient bariolés ou non, couverts de bijoux ou de n'importe quoi, cela n'aura aucun inconvénient pour la probité du spectacle donné sur la scène. Au contraire même, il serait bien qu'une espèce de folie, un culot, pousse les spectateurs à s'accoutrer bizarrement pour aller au théâtre — à condition de ne rien porter d'aveuglant : broches trop longues, épées, cannes, piolets, lampes allumées dans le chapeau, pies apprivoisées... ni rien d'assourdissant : tintamarre de breloques, transistors, pétards, etc., mais que chacun se pare comme il veut afin de mieux recevoir le spectacle donné sur la scène : la salle a le droit d'être folle. Plus le spectacle de la scène sera grave et plus les spectateurs éprouveront peut-être le besoin de l'affronter parés, et même masqués.

On doit pouvoir entrer et sortir en pleine représentation, sans gêner personne. Et rester debout aussi, et même s'approcher de la scène si l'on en a envie, comme on s'approche ou qu'on s'éloigne d'un tableau. Ainsi, si l'on jouait alors *les Paravents*, il faudrait qu'un certain espace fût réservé directement sur la scène, pour un certain nombre de figurants — silencieux et immobiles — qui seraient des spectateurs, ayant revêtu un costume dessiné par le décorateur; — d'un côté de la scène, les notables, de l'autre côté, des détenus de droit commun, masqués et enchaînés, gardés par des gendarmes armés.

*

En écrivant cette pièce, je la voyais représentée dans un théâtre de plein air où les gradins, taillés dans la pente d'une colline, ne seraient que des bancs de terre. La scène, au fond, et les décors (les paravents) se détachant sur les arbres d'une futaie.

*

Au texte des *Paravents* devrait être joint quelque chose ressemblant à une partition. C'est possible. Le metteur en scène, tenant compte des différents timbres de voix, inventera un mode de déclamation allant du murmure aux cris. Des phrases, des torrents de phrases doivent passer dans des hurlements, d'autres seront roucoulées, d'autres seront dites sur le ton de l'habituelle conversation.

Le metteur en scène inventera les aboiements de la Mère, très différents de ceux de Leïla. Il inventera l'orage du tableau XIV. Le tonnerre et les bruits de la pluie seront réalisés par les acteurs en scène à ce moment-là.

*

Comment dessiner? Qu'on apprenne aux acteurs. Mais ceux-ci devront obtenir, avec des craies de couleur, sur les paravents, de véritables fêtes. Même les dessins des montagnes du Grand Cèdre, de la Grande Ourse, tout devra être peint avec soin pour émouvoir. Même si les dessins sont maladroits, gauches, naïfs, les acteurs devront s'y donner autant qu'ils se donneront dans le jeu.

La pendule peinte par Leïla sera d'un très beau modèle de pendule Louis XV ou XIV, ou même Cent, pleine de rinceaux, de fleurs, etc.

*

Pour les costumes, il faudra utiliser pas mal d'étoffes noires afin de mettre en valeur les autres couleurs. Le « fond » de cette pièce c'est le noir. Je me demande pourquoi?

*

Les ustensiles : brouette, râpe à fromage, bécane, gants, etc., eux aussi ils seront interprétés. Plus grands que nature, d'une matière plus forte (la râpe à fromage en fonte), plus lourde, afin de réussir à s'imposer sur un espace aussi grand que cette scène. Un trait noir, à certains endroits, pourra les cerner, leur ombre dessinée sur le sol ou le paravent par un acteur, etc. Cela pour donner une densité à l'instant. Bref, traiter tout à la blague.

*

Chacune des scènes de chacun des tableaux doit être mise au point et jouée avec la rigueur d'une petite pièce, qui serait une totalité. Sans bavure. Et sans que rien laisse penser qu'une autre scène, ou qu'un autre tableau doivent suivre ceux qu'on vient de jouer.

*

Au douzième tableau, les Arabes doivent exécuter très prestement leurs dessins; mais il faut que quelques-uns s'attardent, et même que certains reviennent — et même deux ou trois fois de suite — au paravent avec leurs fusains et leurs craies de couleur pour figurer un accord, pour souligner une ombre, etc.

Autre lettre à Roger Blin

Quelques costumes et maquillages, comme je les vois.

La Mère. — Des cheveux d'étoupe blanche. Une face blanche, passée à la céruse, et des rides très travaillées, bleues, mauves, violettes, partant des yeux vers les tempes, de la racine du nez vers le front, des ailes du nez vers la bouche et autour du menton, enfin, les tendons du cou, très mis en relief. Les mains blanches comme la tête, et les rides ou plutôt les veines, très visibles. Pareil les jambes, jusqu'aux genoux. Les yeux, pas trop grands, pas trop orientaux.

La robe, très lourde, descend un peu plus bas que les pieds, de sorte que la Mère devra la relever un peu pour marcher. Elle est faite, la robe, de bouts de chiffons de tissus différents, formes et matières différentes, dans tous les tons du violet et du mauve. Les coutures seront visibles, en gros fil blanc.

*

Kadidja. — Le visage violet, presque noir. Comme les lèvres des Noirs, à peu près. Les rides, très nombreuses, seront blanches. Je crois qu'elles devront

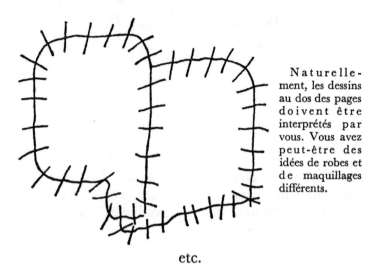

Naturelle-ment, les dessins au dos des pages doivent être interprétés par vous. Vous avez peut-être des idées de robes et de maquillages différents.

etc.

aller, vers les cheveux, les oreilles et le menton, en partant des ailes du nez. Les mains, les avant-bras et les guibolles, de la même façon.

Elle se servira de son parapluie noir, tantôt fermé, tantôt ouvert, mais rapiécé.

Sa robe sera jaune. De tous les jaunes possibles : safran, ocre, etc., par morceaux rapiécés. Jaune même quand elle va pleurer le mort. Mais c'est une robe se relevant jusqu'à la ceinture, sur un long jupon, traînant à terre, en tissu peut-être indigo. (En parler avec Mme Acquart.)

Cheveux blancs, mais raides, tirés en arrière.

De sa prison Saïd crie son désespoir à Leïla qui, si elle n'était pas sur la scène du théâtre, serait dans une autre prison.

Dans la réplique du Lieutenant où il est dit : « Travaillez vos cous par torsion, fluxion, etc. », l'auteur a oublié le mot masturbation.

La France.

Kadidja (Kerjean) ordonne, morte, qu'on lave son propre cadavre.

Kerjean, morte, mais hurlant ses ordres avant de mourir.

Tout fout le camp.

Leïla sait tout faire : le chien, le coq, les poules, et même du vent à Madame.

Vous le voyez, les paras ne peuvent plus marcher qu'accroupis. Leur stature est déjà une sale posture.

*

Toutes les autres femmes auront des parapluies et
seront fagotées de la même façon, avec des jupes
faites de bouts de chiffons dans des tons jaunes ou
verdâtres.

*

Ommou. — Des cheveux blancs qui tombent sur
ses épaules. C'est la cinglée des trois. Cheveux
blancs, très blancs.
Une robe faite avec de la toile de sac, si vous
voulez une espèce de jute très rugueux. Coupée
dans un assemblage de bouts, comme les robes des
autres. Mais cette fois, avec une jupe très ample
et une sorte de traîne qu'elle soutiendra avec la
main dont elle ne se sert pas pour tenir sa canne.
Elle est montée sur de très hauts souliers. Il faut
qu'elle domine Saïd.
Son visage sera jaune et tout saccagé par une
infinité de petites rides entre les très grandes et
très sombres rides (marron) circulaires, qui donneront à son visage un air de pleine lune, si possible
couverte de cratères et de mers de la Sérénité. —
Prendre une photo très grossie de la lune. En
demander une photocopie aux services de la Nasa.
Pareil sur les bras et les jambes : des trous et des
monticules.

*

Warda. — Le visage tout blanc. On la peint sous les yeux des spectateurs. Je la vois verte. Dans un grand cotillon blanc, pas fait avec des pièces ajoutées, mais coupé dans un bon tissu, peut-être rose. On lui mettra un grand manteau doré. Comme une chape de saint sacrement. Bottines dorées et lourdes. Si possible en fonte. Les cheveux en bleu ciel. Chigon très haut dressé. Comme un chignon de Marie-Antoinette avant la prison. Très haut. Plein d'aiguilles à chapeau. Maquillage doré ou presque. Les mains dorées. Ne vous préoccupez pas trop de l'Algérie.

Les dents de Warda : fausses. Dorées et retroussées comme celles de Saïd. Et comme celles qu'aura Leïla.

*

J'ai oublié le nom des autres femmes, sauf celui de la Veuve Germain. Elle, il faut la sucrer. Il lui reste deux dents : une en haut à gauche, une en bas à droite. Les lèvres rentrées. Travailler son visage de rides en diagonale, de façon à former des losanges. Robe 1900. Cheveux blonds, avec une anglaise : adorables.

*

Saïd. — Je suis fatigué. En tout cas, faire que ses oreilles soient encore plus écartées et la bouche plus ahurie.

*

Faites travailler tous ces comédiens. J'ai l'impression qu'ils croient savoir tout faire. Il faudrait qu'ils n'en reviennent pas, selon le sens que vous voudrez donner à l'expression.

Amicalement.

Jean Genet.

Je crois, au fond qu'il faudrait trouver des maquillages, et des gestes et des démarches allant avec, qui seraient plus méchants. J'ai été vraiment trop timide.

Genet.

Autre lettre

Voici, mon cher Roger, comment j'ai vu la première partie de la pièce.

Admirables : votre boulot
        Casarès
        Paulette Annen
        Amidou
        Madeleine Renaud (très jeune, parfaite)
        Jean-Louis Barrault
        Cattand
        Kerjean
        Weber
        Granval (il a fait des progrès énormes)
        le couple qui épingle
        Alric
        Rousselet promet d'être très bien.

Il y a très peu d'indications à leur donner. Je crois qu'à force de répéter, ils trouveront en eux, de quoi se parfaire.

Maintenant il y a les autres : n'en parlons pas encore.

Pour le notable trouver un gamin de dix-huit ans, avec

une barbe blanche carrée, des cheveux blancs artificiels. Il faut que ce comédien gamin grimé invente les attitudes de la vieillesse. Sinon, c'est foutu.

Une règle qui ne doit en aucun cas être transgressée :

L'Homme, la Femme, l'attitude ou la parole qui, dans la vie, apparaissent comme abjects, au théâtre doivent émerveiller, toujours, étonner, toujours, par leur élégance et leur force d'évidence.

Rien, sur la scène, rien qui doive être laid ou ridicule, naturellement.

Il faudra peut-être prendre à part les personnes de qui je vous ai parlé et tâcher d'en tirer un parti qui mette en valeur la pièce — donc eux-mêmes.

Essayer tout de même de les amener vers un théâtre plus hiératique. Sinon, l'ARSENIC.

Ou les frapper. Je ne peux pas vous envoyer une formation de catch pour les mettre en bouillie. Mais *ils y sont!*

Viennent deux pages de notes.

Notes

Le premier cri de Saïd s'achève — ou est dit comme une constatation. *Il ne faut pas.* Il doit élever la voix et la laisser en suspens : Ro*se*...! Non. Mais *Ro*se!

*

Il fait deux ou trois gestes qui ne sont pas voulus, mais subis. Gestes qui soutiennent *tout naturellement* la parole. Ces gestes diminuent sa force verbale et gestuelle.

*

Quand il laisse retomber ses mains sur les cuisses, on l'entend dans la salle. C'est gênant. On ne devrait rien entendre quand il se cogne dans les mains et sur les cuisses.

On ne devrait rien entendre, même quand la foule court sur le plancher, surtout pas un bruit de plancher.

Rien entendre quand la Bouche cogne le plancher

pour appeler le mort — ou alors entendre autre chose, une explosion atomique si c'est dans vos moyens, j'aimerais mieux.

*

Quand la Bouche répond à la Mère qui lui demande si c'est l'heure, Jean-Louis Barrault doit découvrir son bracelet-montre et le diriger vers la Mère, mais lui, ne pas le regarder.

*

Le fils de Sir Harold doit dire oui à son père, non en baissant la tête, mais en la relevant (quand le père demande s'il est armé).

*

Je me demande si la Mère, dans la scène du mort, quand elle apostrophe les femmes, ne devrait pas, au lieu de mains tendues, tendre, de la même façon, les mains fermées.

Les mains ouvertes sont davantage le symbole de l'imploration. En tout cas, comme elle le fait deux fois, je crois : une fois, au début, mains offertes, deuxième fois, mains fermées.

*

En prison :
Enlever définitivement la Voix. Le texte est trop plat.

*

Par ce texte je voulais recréer la prison. Je n'ai pas trouvé le ton.

*

Leïla devrait saluer le gendarme avant sa réplique : « C'est moi la femme de Saïd. » D'abord la révérence.

*

Les jappements des deux femmes, mère et fille, très jolis, mais quand elle vient, avant d'aboyer pour soutenir la mère, Leïla doit la flairer : ensuite japper avec elle. Puis contre elle, etc.

*

Casarès n'a pas appris comment se reposer dans le paroxysme : elle va être crevée. Mais elle est si belle dans l'épuisement!

*

Très bien, les différences de ton de la Bouche. Sa voix soudain fraîche et jeune quand il répond en Slimane. Mais faire attention à son âge, quelquefois, avant sa fatigue, feinte, le grave revient. Si, dans le rôle de Slimane, Jean-Louis Barrault se débarbouille tout à fait du timbre parigot, il sera magnifique.

*

La Mère ne cherche pas assez « *myopement* » la tombe. Elle ne déchiffre pas assez.

*

Vous avez coupé l'histoire des chênes-lièges et des bouchons en sciure, pourquoi ? Je l'aimais bien.

*

Les deux colons, assis, devraient l'être dos à dos, pas côte à côte.

*

Les deux pages précédentes sont des suggestions pour corriger, mais l'ensemble est étonnant. Que vous ayez compris la pièce, comme je le souhaitais, ce n'est pas surprenant, vous comprenez vite et fin, mais vous avez eu le talent et la ténacité de l'appliquer. J'aurais voulu me désintéresser de cette représentation : je n'en ai plus la force. Vos patiences d'araignée et votre réussite me prennent au jeu. Le travail des comédiens et des comédiennes que j'ai cités, conduits par vous, je l'éprouve comme un hommage. Je suis heureux, avec un peu de honte de l'être.

Dans *les Nègres*, plus vaillamment, quant au texte, préparé pour l'effet, votre travail m'étonnait moins. En tout cas, la réussite était due, il me semble, autant à moi qu'à vous : dans *les Paravents*, tout est votre réussite. Si j'avais pensé que la pièce puisse être jouée, je l'aurais faite plus belle — ou ratée complètement. Vous avez, sans y toucher, pris la difficulté, et vous l'avez faite légère. C'est très beau. Vous avez mon amitié et mon admiration.

Jean.

Il y a encore bien des choses à dire, mais j'en oublie.

Vous et Barrault, vous avez dû couper beaucoup. Ça m'a paru un peu étriqué. Il ne faut pas avoir peur de respirer et de savoir qu'on a toute la vie devant soi pour faire cette pièce. Les spectateurs prendront tout naturellement votre démarche. Si c'est bien fait, vous n'emmerderez personne.

Autre lettre avec des notes

Mon cher Roger,

Encore deux ou trois notes.

*

L'explosion du gendarme n'est pas assez violente. Après l'échange des tu et des vous, il faudrait un léger calme, et un silence, puis, sans qu'on l'ait prévue, l'explosion enragée du gendarme, écumant, bavant, etc., mais en général (pas de gendarmerie!) il est parfait.

*

Pour chaque soldat arabe qui va dessiner, vous devriez inventer une démarche toujours nouvelle : l'un avance, mains dans les poches, en frôlant les paravents et chaloupant; l'autre très décidé; l'autre se traînant sur une patte; l'autre dansant, amusé, une java, etc.,
et toujours Kadidja immobile, ne regardant

44

jamais les soldats quand elle les interpelle, puisqu'elle est morte.

*

Donner des indications à Sir Harold : il est paumé. Il est possible qu'il se tire d'affaire.

*

Trop souvent les comédiens regardent la salle. Je crois qu'ils doivent la regarder sans la voir. De toute façon, ils ont tort de regarder toujours, quand ils regardent la salle, les fauteuils d'orchestre. Si, par misère, ils doivent la regarder, qu'ils en prennent donc les vraies mesures, et que leur œil aille jusqu'au poulailler.

*

Quand il évoque l'achat de Leïla à son père, Saïd peut se perdre encore un peu plus dans la mélopée. Une feinte déraison l'aidera à paraître plus vache.

*

Essayer de décaler, de déséquilibrer un peu la voix et le jeu de la pleureuse qui parle si longtemps avec la Mère (je ne sais pas son nom). Tâter du bégaiement. Descendre la voix de deux ou trois tons. Elle est trop posée. Trop bien.

45

*

Travailler le *Volé* (scène qui précède la sortie de Saïd de tôle). Volé trop distingué. Je le voudrais un peu napolitain.

*

Voilà, je ne trouve plus rien, mais ce que vous avez fait reste magnifique.
Amicalement.

Jean.

Quand ils marchent, courent, sautent sur les praticables, les acteurs — la plupart — font avec leurs pieds un bruit de déménageurs. Sans créer le silence perceptible des cambrioleurs nocturnes ou des dames qui se baissent jusqu'au trou de serrure pour épier leurs bonnes, j'aimerais que les acteurs ne fassent aucun bruit de pas afin de le remplacer, s'il me plaît, par un tintement voisin de celui que ma canne fit un jour, dans le salon de Maria Casarès, en heurtant la patte gracile d'une table en métal. Donc, le silence d'abord, afin de me permettre d'inventer des bruits imprévus.

De la même façon, interdire au travailleur arabe d'allumer une cigarette : la flamme de l'allumette ne pouvant, sur la scène, être *imitée* : une flamme d'allumette dans la salle ou ailleurs, est la même que sur la scène. A éviter.

*

Quelquefois certains acteurs restent en scène trop longtemps. Un des seuls mots du jargon du

47

théâtre que j'aie retenus — mais bien retenus — c'est celui-ci : ils s'étalent.

L'acteur doit agir vite, même dans sa lenteur, mais sa vitesse, fulgurante, étonnera. Elle et son jeu le rendront si beau que, lorsqu'il sera happé par le vide des coulisses, les spectateurs éprouveront une grande tristesse, une sorte de regret : ils auront vu surgir et passer un météore. Un pareil jeu fera vivre l'acteur et la pièce.

Donc : apparaître, scintiller, et comme mourir.

*

Personne ne sait rien d'abord. Les comédiens ne savent pas grand-chose, mais l'homme qui les enseigne ne doit rien savoir et tout apprendre, sur lui-même et sur son art, en les enseignant. Ce sera une découverte pour eux mais aussi pour lui.

*

Il me semble que le public ne sache pas entendre. Il confond deux mots : on entend avec ses deux oreilles, mais on entend — ou l'on tend l'oreille — avec ses doigts de pied.

*

Si j'ai voulu le plein feu sur scène c'est afin que chaque acteur n'aille pas noyer une erreur, une faute passagère, son épuisement ou son indifférence, dans une salvatrice obscurité. Bien sûr, tant

48

Weber perdu

dans la nuit

musulmane

avec le verre d'eau de

son lieutenant.

Comment la Mère va,

sans avoir l'air

d'y toucher,

entortiller

un légionnaire...

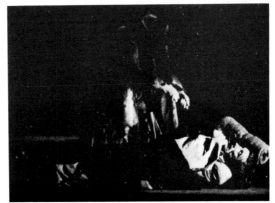

... et l'étrangler.

Il faut faire

de l'abattage.

Warda s'est fendue en deux

pour mieux...

Malika va peut-être

obliger

le révolutionnaire

à se poser

des questions.

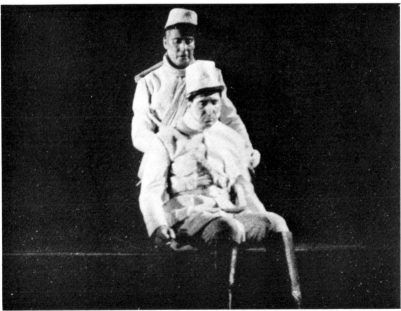

Cattand — ou comment meurt d'amour un lieutenant *(en haut)*.
Tandou — ou comment un général meurt sous l'œil goguenard
de Cattand.

Ommou prend la relève.

Une putain qui a fait ses
classes en Europe.

La Mère va arriver.

Elle est enfin là, dans sa gloire.

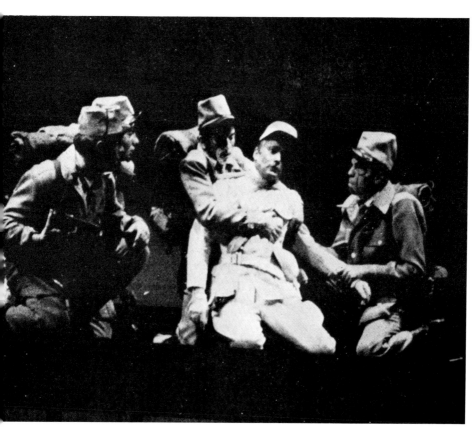

Le Lieutenant meurt pour de bon.

Tout de suite après la mort, c'est peut-être la gaieté?

de lumière lui fera mal, mais d'être si fortement
éclairé l'obligera peut-être.

*

A propos encore de lumière : il sera bien que
chaque acteur, par son jeu, éclaire l'autre ou les
autres, qui, à leur tour, l'éclaireront. La scène
serait donc un lieu où non les reflets s'épuisent,
mais où des éclats s'entrechoquent. Ce serait du
même coup un lieu où la charité chrétienne se
divertit.

Notes envoyées à Roger Blin
le 14 avril

Attention! Tous les maquillages très violents, mais tous *asymétriques*.

*

Pour le jeune homme qui dessine les revolvers, il doit relever sa manche presque jusqu'au coude, s'écarter du paravent, et que seuls la main et le bras qui dessinent soient visibles sur le paravent. Main très maquillée afin d'être visible.

*

Deuxième jeune homme. Il dessinera avec des traits courts et rageurs en dansant sur place une danse également rageuse. — Le cœur dessiné : c'est le Sacré-Cœur de Jésus avec des flammes à la place de l'aorte. — Se servir de gants de chirurgien, maquillés : maquillage des gants noir et rouge sang.

*

50

ui doivent vivre. » Citation approxi-
n'ai pas le texte. Il faut qu'elle le
atience, courroux, évidence, agace-
me l'aurait dit pompeusement Mer-

*

vif le rythme de Sir Harold et Blan-

Refaire l'entrée des Parachutistes : première
fois, avec le lieutenant :
        Les hosties et le latin, etc.,
il faut qu'à un certain moment, le lieutenant se
retourne, inquiet, et les autres paras aussi, ils
avancent à reculons, mais courbés et craignant la
nuit.

*

Les Arabes qui dessinent :
    le premier se place derrière Kadidja et il tend
devant lui et devant elle ses mains ouvertes (il dit
tenir des revolvers),
    il dessine après s'être relevé la manche droite, et
il a des traits rapides.
    Il prend du recul comme un vrai peintre.

*

    Celui qui dessine les cornes arrive auprès de
Kadidja en chaloupant, les mains derrière le dos.
    Tous doivent être joyeux.

*

Interprétation d'Ommou :
    Elle poétise trop. Vous savez ce que je veux
dire.
    Elle ne doit pas présenter sur un plateau la réplique
où je dis quelque chose comme : « C'est les idées
qui ne servent à rien qui doivent être protégées et

provoquer le chant. » Dit très légèrement. En cou-
rant.

Quand elle veut son aspirine :

Mon Has————pirine!

comme une droguée réclame sa came.

d'importance
mative car je
dise avec im
ment. Pas co
leau-Ponty.

Rendre pl
kensee.

Rempl
les orang
uni, sur l
très vivar

Songer
fin, qu'ils
pour cher
le chercha

Ce serai
qu'elles so
loques et
à tricoter,

Pour On
réplique de

Encore une lettre

Mon cher Roger,

Puisque nous nous sommes mis d'accord sur ce point : les vingt représentations qui ont eu lieu ne constituant qu'une approche de la pièce, ou, si l'on veut, une série de répétitions, il faudrait que nous passions en revue ce qui va ou ne va pas. Sur le jeu des comédiens : faut-il se répéter ? Maria, samedi soir, a été éblouissante. Je sais bien que ce n'est pas, et que ce ne sera pas tous les jours samedi soir, mais il faudrait l'encourager à conserver cet éclat. Elle a été une grande tragédienne ce soir-là. Paulette se cherche et elle se cherchera encore, il ne faut pas la déranger. Barrault a dégagé un ton émouvant, et un jeu qu'il devra retrouver en septembre. Même si au début il a tâtonné, les quatre ou cinq derniers soirs il a joué Madani et Si Slimane d'une façon splendide. Surtout, qu'il garde et qu'il démantèle cette attitude qui n'est pas de tout repos.

Voilà : il faudrait que personne n'ait une attitude ou une série de gestes, de tout repos. Barrault est constamment instable, fragile et incassable. Je voudrais que lui aussi, comme Casarès, Madeleine et Kerjean, soit un exemple de force et de délicatesse. Un exemple aussi de conscience théâtrale : il sait maquiller ses phalanges et il prend le temps de le faire. Un soir, vous amènerez Amidou, par surprise, dans la loge de Barrault quand il farde ses mains. Pour Madeleine, Barrault a raison, il lui faut une perruque en désordre pour le coup de feu du bordel. Et qu'elle joue la boulangère en nage qui n'arrête pas de débiter ses petits pains.

Mais! Ce qui ne va pas? Les paravents ne me plaisent guère. Si Acquart ne se fout pas en boule, c'est foutu. Pour le premier paravent : c'est un grand palmier, sur fond blanc ou bleu, que l'on doit faire bouger. Et tous les autres seront refaits. Dites bien à Claude Acquart qu'il s'agit de comprendre d'abord ce qu'est un paravent, ensuite de l'orner.

Mme Acquart a fait des costumes superbes, mais nom de Dieu, pourquoi Alric habillé en solde? Et les soldats? Michel Creton avait raison quand il m'a dit : « Nous aussi on doit être sexy. » Il faut aux soldats des costumes coupés et ornés comme celui du Sergent, si vous acceptez de faire l'effort de vouloir un Sergent, déjà très beau, encore plus impressionnant. Quant à son jeu (du Sergent), j'ai eu tort de lui dire de sourire dès son apparition. Dans la première partie, avant de crever le paravent des morts, il doit être une belle peau de vache.

Chaque soldat aura, outre son accoutrement et son maquillage, une attitude qui lui soit propre, une attitude inventée, et pas la même pour tous. Il faut la leur indiquer. Pas de poches sur les genoux. Le Lieutenant sera bien plus radieux s'il commande une troupe radieuse. Donc, des soldats sexy, et pas de la bleusaille en treillis.

Weber a su réussir un très joli maquillage, Creton aussi, mais les autres ? Vous devez le leur dessiner.

Ce n'est pas tout. Mme Acquart doit refaire le costume de Djemila. (Vous voyez que je note au hasard de la mémoire.)

Quand le Général roule au fond des temps, qu'il pivote d'abord lentement, puis de plus en plus vite, comme une pierre tombe de plus en plus vite, jusqu'au choc final, atteignant, s'il le peut, la vitesse de la lumière.

Les petites boîtes à dessiner — ou pistolets, du nom de l'ustensile où pissent les infirmes — sont très laides. Et surtout ces pistolets ne permettent pas aux acteurs des gestes comme nous les voudrions : amples. Est-ce qu'Acquart ne peut pas trouver une autre technique ? Les acteurs semblaient pissoter du bout d'un moignon d'avant-bras.

L'idée des flammes de soie qui montent et descendent est très jolie, mais pas sur les orangers en forme de fraisiers, non. Sur fond de nuit. Des fraisiers !

Ah oui, même si je suis content, Rousselet doit encore travailler : plus culotté, plus salaud, et quand il crève le paravent il aura enfin, sur l'œil vachement posée, sa couronne de pervenches sur son œil de travers. Qu'il prenne son temps quand il fait le récit de sa mort. Le public écoutera.

Et les pets ? Je n'y renonce pas. Avez-vous renoncé à péter ?

Important : quand Alric, bien habillé cette fois, fera sa danse du ventre, il devra quitter la scène à reculons, face au public, et dans la coulisse opposée à celle par où Leïla s'est sauvée à plat ventre. Le public ne sera pas déconcerté, même s'il comprend de travers, et par exemple que le gendarme se perd sur une fausse piste.

Cattand a trop tendance à regarder la salle. Il faut qu'il s'adresse aussi à ses soldats, ou au vide, ou à n'importe quoi. Mais ne rien changer d'autre dans son jeu, toujours juste. Et même, juste à temps.

J'y arrive : il faut faire travailler Marcelle Ranson. Elle ne demande que cela. Elle doit avoir des béquilles entourées de bandelettes de velours pourpre. J'y tiens beaucoup. Lui faire moduler le texte, davantage. Elle saura le faire, mais bordel, qu'on s'occupe d'elle !

Il y a trop de rires dans cette pièce. Beaucoup doivent être silencieux, simplement la gueule fendue des soldats. Ou des sifflements. A vous de trouver les moments. Vous pouvez faire très joliment siffler les hommes et les femmes au lieu qu'ils se fendent la pipe. Et l'orchestration des rires, dont je vous ai parlé ?

La basse-cour de la Mère n'est pas assez variée : qu'on aide Maria et Paulette. De jeunes comédiens pourraient faire les coqs, dans la coulisse.

Autre détail : Saïd, quand il réapparaît, il portera un nouveau costume, fait de loques pourpres.

Madeleine Renaud viendra (2e tableau) de la coulisse, portée sur la première marche d'un escabeau, et quand arrivera Saïd, invisible des spectateurs, elle, habillée du manteau épiscopal, elle montera sur la quatrième ou cinquième, enfin sur la dernière marche de l'escabeau, et c'est ainsi juchée qu'elle sortira de scène en même temps que le paravent représentant le bordel, d'où s'en iront, béats, les Arabes qui viennent de jouir.

Le mannequin supportant le manteau de Warda, tel que je l'ai vu est très laid. Acquart doit en confectionner un.

*

Le tremblement des Arabes devant le fils de Sir Harold : vous devez le mettre au point. Chaque acteur doit s'entraîner à faire trembler tous ses membres de façon qu'eux tous donnent une vision douloureuse de la frousse. Ils trembleront de la tête aux pieds, des épaules aux mains, et le tremblement doit aller jusqu'à la transe mais évoquer en passant un champ de seigle par grand vent ou la fuite d'une compagnie de perdrix. Cela vous dit-il quelque chose ?

*

Les comédiens jouant le rôle des Arabes pourraient, s'ils ne sont pas trop flemmards, torturer habilement leur chevelure, soit la boucler, soit l'huiler, soit la goudronner, etc. Il y a bien des

59

façons de rendre expressive une chevelure adoles-
cente, mais bordel, est-ce que ces gamins vont
accepter de se travailler devant la glace non comme
des gigolos mais comme des acteurs?

*

Les rares manifestants du groupe Occident —
« Dans l'Occident désert quel devint mon ennui... »
— s'abandonnent à la plus paresseuse de leur nature
quand ils voient sur la scène un officier français et
mort reniflant les pets méticuleux de ses soldats,
alors qu'ils devraient voir des acteurs jouant à
être ou à paraître... Le jeu des interprètes est à la
réalité militaire ce que leurs bombes fumigènes
sont à la réalité du napalm.

*

Ce sont eux les vrais corrupteurs de l'armée,
car s'ils lisent dans le dictionnaire le mot « chancre »,
ils ne peuvent s'empêcher de voir germer des
chancres à toutes les bites militaires transmettant
le chancre à tous les culs tricolores. Or, ils n'avaient
lu que sept lettres et à partir d'elles ils partent en
guerre. Quel Occident inquiet!

*

On y a peut-être pensé avant moi, alors je redirai
que le patron des comédiens, à cause de sa double
nature, sera Tirésias. La Fable dit qu'il gardait

sept ans le sexe mâle et sept autres l'autre. Sept ans un vêtement d'homme, sept celui d'une femme. D'une certaine façon, à certains moments — ou peut-être toujours —, sa féminité pourchassait sa virilité, l'une et l'autre étant jouées, de sorte qu'il n'avait jamais de repos, je veux dire de point fixe où se reposer. Comme lui les comédiens ne sont ni ceci ni cela, et ils doivent se savoir une apparence sans cesse parcourue par la féminité ou son contraire, mais prêts à jouer jusqu'à l'abjection ce qui, virilité ou son contraire, de toute façon est joué.

Saint Tirésias, patron des comédiens.

Quant aux pouvoirs divinatoires du saint, que chaque acteur cherche à voir clair en soi-même.

*

Bien sûr j'ignore tout du théâtre en général, mais j'en sais assez sur le mien.

Qu'un juge prononce un jugement, exigeons qu'il se prépare autrement que par la connaissance du code. La veille, le jeûne, la prière, une tentative de suicide ou d'assassinat pourraient l'aider afin que le jugement qu'il va prononcer soit un événement si grave — je veux dire un événement poétique — qu'il soit, l'ayant rendu, le juge, exténué, sur le point de perdre son âme dans la mort ou la folie. Exsangue, aphone, il resterait deux ou trois ans avant de se remettre. C'est beaucoup demander à un juge. Mais nous? Nous sommes encore loin de l'acte poétique. Tous, vous, moi, les acteurs, nous devons macérer longtemps dans la ténèbre, il nous faut travailler jusqu'à l'épuisement afin qu'un seul soir, nous arrivions au bord de l'acte définitif. Et nous devons nous tromper souvent, et faire que servent nos erreurs. En fait, nous sommes loin de compte et ni la folie ni la mort ne me paraissent encore, pour cette pièce, la sanction la plus juste. C'est pourtant ces deux Déesses qu'il faut émouvoir

Refaire l'entrée des Parachutistes : première fois, avec le lieutenant :
Les hosties et le latin, etc.,
il faut qu'à un certain moment, le lieutenant se retourne, inquiet, et les autres paras aussi, ils avancent à reculons, mais courbés et craignant la nuit.

*

Les Arabes qui dessinent :
le premier se place derrière Kadidja et il tend devant lui et devant elle ses mains ouvertes (il dit tenir des revolvers),
il dessine après s'être relevé la manche droite, et il a des traits rapides.
Il prend du recul comme un vrai peintre.

*

Celui qui dessine les cornes arrive auprès de Kadidja en chaloupant, les mains derrière le dos.
Tous doivent être joyeux.

*

Interprétation d'Ommou :
Elle poétise trop. Vous savez ce que je veux dire.
Elle ne doit pas présenter sur un plateau la réplique où je dis quelque chose comme : « C'est les idées qui ne servent à rien qui doivent être protégées et

provoquer le chant. » Dit très légèrement. En cou-
rant.

Quand elle veut son aspirine :

               Mon Has————pirine !

comme une droguée réclame sa came.

Notes envoyées à Roger Blin
le 15 avril

Remplacer d'urgence le paravent représentant les orangers par un paravent nu, mais bleu nuit, uni, sur lequel les Arabes dessineront des flammes très vivantes.

*

Songer à indiquer aux soldats arabes, de l'extrême fin, qu'ils doivent, avant de tirer sur lui, se pencher pour chercher Saïd sous les praticables comme s'ils le cherchaient dans un fourré.

*

Ce serait joli, si Ommou se sert de béquilles, qu'elles soient recouvertes de velours rouge vif en loques et qu'Ommou s'en serve comme d'aiguilles à tricoter, comme pour tricoter par terre.

*

Pour Ommou : qu'elle dise, avec impatience, la réplique de la fin : « C'est les choses qui n'ont pas

53

d'importance qui doivent vivre. » Citation approximative car je n'ai pas le texte. Il faut qu'elle le dise avec impatience, courroux, évidence, agacement. Pas comme l'aurait dit pompeusement Merleau-Ponty.

*

Rendre plus vif le rythme de Sir Harold et Blankensee.

*

Madeleine Renaud viendra (2ᵉ tableau) de la coulisse, portée sur la première marche d'un escabeau, et quand arrivera Saïd, invisible des spectateurs, elle, habillée du manteau épiscopal, elle montera sur la quatrième ou cinquième, enfin sur la dernière marche de l'escabeau, et c'est ainsi juchée qu'elle sortira de scène en même temps que le paravent représentant le bordel, d'où s'en iront, béats, les Arabes qui viennent de jouir.

Le mannequin supportant le manteau de Warda, tel que je l'ai vu est très laid. Acquart doit en confectionner un.

*

Le tremblement des Arabes devant le fils de Sir Harold : vous devez le mettre au point. Chaque acteur doit s'entraîner à faire trembler tous ses membres de façon qu'eux tous donnent une vision douloureuse de la frousse. Ils trembleront de la tête aux pieds, des épaules aux mains, et le tremblement doit aller jusqu'à la transe mais évoquer en passant un champ de seigle par grand vent ou la fuite d'une compagnie de perdrix. Cela vous dit-il quelque chose?

*

Les comédiens jouant le rôle des Arabes pourraient, s'ils ne sont pas trop flemmards, torturer habilement leur chevelure, soit la boucler, soit l'huiler, soit la goudronner, etc. Il y a bien des

façons de rendre expressive une chevelure adoles-
cente, mais bordel, est-ce que ces gamins vont
accepter de se travailler devant la glace non comme
des gigolos mais comme des acteurs?

*

Les rares manifestants du groupe Occident —
« Dans l'Occident désert quel devint mon ennui... »
— s'abandonnent à la plus paresseuse de leur nature
quand ils voient sur la scène un officier français et
mort reniflant les pets méticuleux de ses soldats,
alors qu'ils devraient voir des acteurs jouant à
être ou à paraître... Le jeu des interprètes est à la
réalité militaire ce que leurs bombes fumigènes
sont à la réalité du napalm.

*

Ce sont eux les vrais corrupteurs de l'armée,
car s'ils lisent dans le dictionnaire le mot « chancre »,
ils ne peuvent s'empêcher de voir germer des
chancres à toutes les bites militaires transmettant
le chancre à tous les culs tricolores. Or, ils n'avaient
lu que sept lettres et à partir d'elles ils partent en
guerre. Quel Occident inquiet!

*

On y a peut-être pensé avant moi, alors je redirai
que le patron des comédiens, à cause de sa double
nature, sera Tirésias. La Fable dit qu'il gardait

faut la leur indiquer. Pas de poches sur les genoux. Le Lieutenant sera bien plus radieux s'il commande une troupe radieuse. Donc, des soldats sexy, et pas de la bleusaille en treillis.

Weber a su réussir un très joli maquillage, Creton aussi, mais les autres? Vous devez le leur dessiner.

Ce n'est pas tout. Mme Acquart doit refaire le costume de Djemila. (Vous voyez que je note au hasard de la mémoire.)

Quand le Général roule au fond des temps, qu'il pivote d'abord lentement, puis de plus en plus vite, comme une pierre tombe de plus en plus vite, jusqu'au choc final, atteignant, s'il le peut, la vitesse de la lumière.

Les petites boîtes à dessiner — ou pistolets, du nom de l'ustensile où pissent les infirmes — sont très laides. Et surtout ces pistolets ne permettent pas aux acteurs des gestes comme nous les voudrions : amples. Est-ce qu'Acquart ne peut pas trouver une autre technique? Les acteurs semblaient pissoter du bout d'un moignon d'avant-bras.

L'idée des flammes de soie qui montent et descendent est très jolie, mais pas sur les orangers en forme de fraisiers, non. Sur fond de nuit. Des fraisiers!

Ah oui, même si je suis content, Rousselet doit encore travailler : plus culotté, plus salaud, et quand il crève le paravent il aura enfin, sur l'œil vachement posée, sa couronne de pervenches sur son œil de travers. Qu'il prenne son temps quand il fait le récit de sa mort. Le public écoutera.

Et les pets ? Je n'y renonce pas. Avez-vous renoncé à péter?

Important : quand Alric, bien habillé cette fois, fera sa danse du ventre, il devra quitter la scène à reculons, face au public, et dans la coulisse opposée à celle par où Leïla s'est sauvée à plat ventre. Le public ne sera pas déconcerté, même s'il comprend de travers, et par exemple que le gendarme se perd sur une fausse piste.

Cattand a trop tendance à regarder la salle. Il faut qu'il s'adresse aussi à ses soldats, ou au vide, ou à n'importe quoi. Mais ne rien changer d'autre dans son jeu, toujours juste. Et même, juste à temps.

J'y arrive : il faut faire travailler Marcelle Ranson. Elle ne demande que cela. Elle doit avoir des béquilles entourées de bandelettes de velours pourpre. J'y tiens beaucoup. Lui faire moduler le texte, davantage. Elle saura le faire, mais bordel, qu'on s'occupe d'elle!

Il y a trop de rires dans cette pièce. Beaucoup doivent être silencieux, simplement la gueule fendue des soldats. Ou des sifflements. A vous de trouver les moments. Vous pouvez faire très joliment siffler les hommes et les femmes au lieu qu'ils se fendent la pipe. Et l'orchestration des rires, dont je vous ai parlé?

La basse-cour de la Mère n'est pas assez variée : qu'on aide Maria et Paulette. De jeunes comédiens pourraient faire les coqs, dans la coulisse.

Autre détail : Saïd, quand il réapparaît, il portera un nouveau costume, fait de loques pourpres.

58

sept ans le sexe mâle et sept autres l'autre. Sept ans un vêtement d'homme, sept celui d'une femme. D'une certaine façon, à certains moments — ou peut-être toujours —, sa féminité pourchassait sa virilité, l'une et l'autre étant jouées, de sorte qu'il n'avait jamais de repos, je veux dire de point fixe où se reposer. Comme lui les comédiens ne sont ni ceci ni cela, et ils doivent se savoir une apparence sans cesse parcourue par la féminité ou son contraire, mais prêts à jouer jusqu'à l'abjection ce qui, virilité ou son contraire, de toute façon est joué.

Saint Tirésias, patron des comédiens.

Quant aux pouvoirs divinatoires du saint, que chaque acteur cherche à voir clair en soi-même.

*

Bien sûr j'ignore tout du théâtre en général, mais j'en sais assez sur le mien.

Qu'un juge prononce un jugement, exigeons qu'il se prépare autrement que par la connaissance du code. La veille, le jeûne, la prière, une tentative de suicide ou d'assassinat pourraient l'aider afin que le jugement qu'il va prononcer soit un événement si grave — je veux dire un événement poétique — qu'il soit, l'ayant rendu, le juge, exténué, sur le point de perdre son âme dans la mort ou la folie. Exsangue, aphone, il resterait deux ou trois ans avant de se remettre. C'est beaucoup demander à un juge. Mais nous? Nous sommes encore loin de l'acte poétique. Tous, vous, moi, les acteurs, nous devons macérer longtemps dans la ténèbre, il nous faut travailler jusqu'à l'épuisement afin qu'un seul soir, nous arrivions au bord de l'acte définitif. Et nous devons nous tromper souvent, et faire que servent nos erreurs. En fait, nous sommes loin de compte et ni la folie ni la mort ne me paraissent encore, pour cette pièce, la sanction la plus juste. C'est pourtant ces deux Déesses qu'il faut émouvoir

Encore une lettre

Mon cher Roger,

Puisque nous nous sommes mis d'accord sur ce point : les vingt représentations qui ont eu lieu ne constituant qu'une approche de la pièce, ou, si l'on veut, une série de répétitions, il faudrait que nous passions en revue ce qui va ou ne va pas.

Sur le jeu des comédiens : faut-il se répéter ? Maria, samedi soir, a été éblouissante. Je sais bien que ce n'est pas, et que ce ne sera pas tous les jours samedi soir, mais il faudrait l'encourager à conserver cet éclat. Elle a été une grande tragédienne ce soir-là. Paulette se cherche et elle se cherchera encore, il ne faut pas la déranger. Barrault a dégagé un ton émouvant, et un jeu qu'il devra retrouver en septembre. Même si au début il a tâtonné, les quatre ou cinq derniers soirs il a joué Madani et Si Slimane d'une façon splendide. Surtout, qu'il garde et qu'il démantèle cette attitude qui n'est pas de tout repos.

Voilà : il faudrait que personne n'ait une attitude ou une série de gestes, de tout repos. Barrault est

55

constamment instable, fragile et incassable. Je voudrais que lui aussi, comme Casarès, Madeleine et Kerjean, soit un exemple de force et de délicatesse. Un exemple aussi de conscience théâtrale : il sait maquiller ses phalanges et il prend le temps de le faire. Un soir, vous amènerez Amidou, par surprise, dans la loge de Barrault quand il farde ses mains. Pour Madeleine, Barrault a raison, il lui faut une perruque en désordre pour le coup de feu du bordel. Et qu'elle joue la boulangère en nage qui n'arrête pas de débiter ses petits pains.

Mais! Ce qui ne va pas? Les paravents ne me plaisent guère. Si Acquart ne se fout pas en boule, c'est foutu. Pour le premier paravent : c'est un grand palmier, sur fond blanc ou bleu, que l'on doit faire bouger. Et tous les autres seront refaits. Dites bien à Claude Acquart qu'il s'agit de comprendre d'abord ce qu'est un paravent, ensuite de l'orner.

Mme Acquart a fait des costumes superbes, mais nom de Dieu, pourquoi Alric habillé en solde? Et les soldats? Michel Creton avait raison quand il m'a dit : « Nous aussi on doit être sexy. » Il faut aux soldats des costumes coupés et ornés comme celui du Sergent, si vous acceptez de faire l'effort de vouloir un Sergent, déjà très beau, encore plus impressionnant. Quant à son jeu (du Sergent), j'ai eu tort de lui dire de sourire dès son apparition. Dans la première partie, avant de crever le paravent des morts, il doit être une belle peau de vache.

Chaque soldat aura, outre son accoutrement et son maquillage, une attitude qui lui soit propre, une attitude inventée, et pas la même pour tous. Il

56

afin qu'elles s'occupent de nous. Non, nous ne sommes pas en danger de mort, la poésie n'est pas venue comme il faudrait.

Si je voulais ce que vous m'aviez promis, le plein feu, c'est pour que chaque acteur *finît* avec éclat ses gestes ou son dire, et qu'il rivalisât avec la lumière la plus intense. Je voulais aussi la lumière dans la salle : le cul écrasé dans son fauteuil des spectateurs, leur immobilité imposée par le jeu, c'était assez pour départager la scène de cette salle, mais les feux sont nécessaires pour que la complicité s'établisse. Un acte poétique, non un spectacle, même beau selon l'habituelle beauté, aurait dû avoir lieu. Seule Casarès, par ses seuls moyens, a scintillé le dernier soir.

Dans une autre lettre, que vous avez sans doute perdue, je vous disais que mes livres, comme mes pièces, étaient écrits contre moi-même. Vous comprenez ce que je veux dire. Entre autres ceci : les scènes des soldats sont destinées à exalter — je dis bien *exalter* — la vertu majeure de l'Armée, sa vertu capitale : la bêtise. J'ai bandé pour des paras, jamais pour ceux du théâtre. Et si je ne réussis pas, par mon seul texte, à m'exposer, il faudrait m'aider. Contre moi-même, contre nous-mêmes, alors que ces représentations nous placent de je ne sais quel bon côté par où la poésie n'arrive pas.

Il faut considérer que nous avons échoué. La faute c'est notre dégonflage comme celui d'une cornemuse qui se vide en émettant quelques sons que nous voulions croire attrayants, et en nous accordant l'illusion que la mélodie achevée valait

63

bien quelques pertes d'un gaz précieux. Par petites secousses successives nous nous sommes dirigés sûrement vers l'affadissement de la pièce. Secousses successives afin de nous assurer d'un succès qui, à mes yeux, finalement est un échec.

Jacques Maglia me dit : « Tout semble se passer comme si, Blin et toi, vous étiez fiers de vous. Au lieu d'une pièce dont l'achèvement devrait vous consterner, son succès apparent vous rassure. »

Plusieurs fois j'ai capitulé, par lassitude, devant les objections de Barrault et devant les vôtres. Votre connaissance du théâtre risque de vous faire éviter des fautes de goût : mon ignorance de ce métier aurait dû me conduire vers elles.

Je ne dis pas que le texte *écrit* de la pièce est d'une valeur tellement grande, mais je puis vous affirmer que, par exemple, je n'ai méprisé aucun de mes personnages — ni Sir Harold, ni le Gendarme, ni les Paras. Sachez bien que je n'ai jamais cherché à les « comprendre », mais, les ayant créés, sur le papier et pour la scène, je ne veux pas les renier. Ce qui me rattache à eux est d'un autre ordre que l'ironie ou le mépris. Eux aussi ils servent à me composer. Jamais je n'ai copié la vie — un événement ou un homme, Guerre d'Algérie ou Colons — mais la vie a tout naturellement fait éclore en moi, ou les éclairer si elles y étaient, les images que j'ai traduites soit par un personnage soit par un acte. Pascal Monod, un des étudiants du service d'ordre, m'a dit, après la dernière représentation, que l'armée n'était pas aussi caricaturale que je l'ai montrée. Je n'ai pas eu le temps de lui répondre

64

Vous avez devant vous le chant dansé de la mort de Paule Annen.

Pas tout à fait morte, Warda arrive chez les morts.

Et voilà le Sergent déjà mort et mourant en chiant sa mort entre Casarès
et Renaud.

« Tout fout le camp », dit l'auteur de la pièce.

Ommou va chanter le mal.

La scène du Théâtre de France par un beau soir de générale.

Saïd va se vendre au plus offrant : la Révolution ou le chant.

Je ne sais pas quoi vous dire à propos de Saïd tué.

qu'il s'agissait, ici, d'une armée de rêve, rêve esquissé sur le papier et réalisé, bien ou mal, sur une scène, par exemple en bois et dont le plancher craque sous les pieds.

Revenons à l'éclairage. Vous devez bien comprendre que cette façon de jouer de l'ombre, de la pénombre et de la lumière est un recours, délicieux et frileux, qui donne au spectateur le temps de s'extasier et de se rassurer. Je voulais la banquise, terre promise qui aveugle et ne laisse aucun repos. Où était cette matière, à la fois blanche et métallisée dont nous avait parlé Acquart, et qui, selon mes indications, aurait dû constituer la matière même où se seraient mus les acteurs ? Pourrez-vous employer enfin, un seul soir même, cette matière mystérieuse, mallarméenne et allégorique ?

On ne va pas faire la guerre si on ne l'aime pas, si l'on ne se sent pas fait — ou si l'on veut destiné — pour le combat. Le théâtre c'est pareil. Trop à l'aise sur la scène, les comédiens, entre leurs apparitions momentanées, se reposent, ou plutôt s'écrasent l'un contre l'autre, autour du poste de télé ouvert tout grand dans le foyer des artistes. Certains chanoines aux vêpres lisent leur bréviaire en pensant à je ne sais quoi, mais des comédiens de vingt ans ne devraient pas être des chanoines. Même quand elle n'est pas visible du public, Casarès demeure dans la coulisse, attentive ou à bout, mais présente : les autres foutent le camp. Ils pourraient au moins suivre par les haut-parleurs l'évolution de leurs camarades. Par un jeu de boutons ils font taire les voix venant de la scène, apportant éclat ou lassitude, défaillance ou habileté, et ils regardent la télé. Ils l'écoutent. Au lieu de quitter le monde ils le réintègrent, comme si la scène était un endroit de perdition. Les jeunes acteurs sont remarquables en ce sens qu'à peine en scène ils font tout pour se dissimuler, pour se dissoudre presque dans une grisaille de paroles et de mouvements. Ne pouvez-vous pas leur dire que trop briller à la ville empêche qu'un éclat longtemps contenu, enfin explose, illuminant la scène? S'ils n'ont qu'une phrase à dire, un geste à faire, phrase et geste devraient contenir ce que chaque acteur porte en lui de lumineux et qui attendait depuis longtemps cet instant privilégié : être sur la scène. Certainement il faut encourager chaque comédien à être, fût-ce le temps d'une apparition, fulgurante et vraie, d'une si grande beauté que sa disparition dans la coulisse soit ressentie par la salle comme désespérante. Et que, tout en étant sous le charme de ce qui s'opère après lui, on continue à le regretter bien après qu'il a disparu.

Enfin, si je tiens tellement aux pleins feux, sur la scène et sur la salle, c'est que je voudrais, d'une certaine façon, que l'une et l'autre soient prises par le même embrasement et que nulle part l'on ne réussisse à s'à-demi dissimuler.

Voilà, mon cher Roger, quelques notes que m'imposaient la réalisation des *Paravents* et la grande amitié que je vous porte.

J. G.

Dernière lettre

J'ai écrit à Maria Casarès pour lui dire à peu près ceci : « Quand vous exposez à Saïd la situation : " Tu prends la moins chère... elle et toi vous vous prenez, etc. ", je crois que vous devriez essayer ces gestes : avec chacune des deux mains élevées de chaque côté du visage, et non supportées par les genoux, faire ce geste : le pouce formant un cercle avec l'index, un peu à la façon d'un conférencier.

« Et ensuite, à cette réplique : " Vous vous prenez... " faire que vos deux mains penchent d'un seul côté, opposé à celui de Saïd. »

Si je rappelle cette indication c'est afin qu'on comprenne mieux pourquoi, au début des répétitions, j'empêchais qu'on fît un geste, le plus simple, du corps ou du petit doigt. Il me paraissait indispensable que la voix des acteurs exprimât d'abord, et seule, comme idée de son corps, tout le personnage. En effet, les comédiens sont toujours tentés de « trouver spontanément » les gestes qui aident les mots à sortir de la bouche. Cela donne alors, gestes et voix banalement (selon le sens premier de banal), une sorte de redondance inutile. Il vaut mieux, quand la voix a trouvé ses vraies modulations, découvrir les gestes qui viendront alors la souligner, gestes qui ne seront plus familièrement accordés à la voix, mais qui peut-être s'opposeront à elle — par exemple, à une inflexion désolée un geste de la main et du pied très allègre — de façon que le tout forme une longue suite d'accords non convenus — brisés mais toujours harmonieux, délivrant l'acteur de la tentation du quotidien.

Cette opération, refusant un naturel feint, ne doit pas se faire n'importe comment : son but, entre autres, est de montrer et de faire entendre, ce qui passe inaperçu *d'habitude*. Son but réel est, bien sûr, une joie, une fête nouvelles, et encore je ne sais quoi.

Nous avions donc la chance qu'un tempérament flamboyant accepte cette discipline. J'avais très peur de blesser Maria en lui demandant, par exemple, de s'examiner dans une glace, d'y faire des grimaces sans complaisance, et de découvrir, dans ce nouveau visage enlaidi, une beauté que chaque spectateur — non le public, mais chaque spectateur — pourrait retrouver d'une façon un peu hésitante, en lui-même, enfoui, mais capable de remonter à sa propre surface.

Peut-être par d'autres moyens, sans gommer la comédienne célèbre, et peut-être aidée par vous, mais courageusement, Maria a atteint son et mon but.

Si ce petit livre s'ouvre sur votre nom, vous

comprenez donc que j'aie voulu le clore par le nom de cette femme admirable, qui tout le temps vous a aidé avec sa fougue ibérique : Maria Casarès.

Jean Genet.

Reproduit et achevé d'imprimer
par l'Imprimerie Floch
à Mayenne, le 7 mai 1986.
Dépôt légal : mai 1986.
1ᵉʳ dépôt légal : août 1986.
Numéro d'imprimeur : 24265.
ISBN 2-07-022726-X / Imprimé en France